Sergio Varela

Cafés Especiales

COLECCION ACENTO LOCAL

 DISTAL

1 9 9 7

Diseño de cubierta
Tello/Varela

Imagen de cubierta
FOCUS, The Stock Market

Diseño Gráfico
Carlos Tello

Fotografía
Silvia Pérez Fernández
Marina Vaintroib

Corrección
Laura Almirón

© *Sergio Varela, 1996*
© *Editorial DISTAL S.R.L., 1996*
Av. Corrientes 913 (1043) Buenos Aires - Argentina
ISBN N° 987-502-003-6

Hecho el depósito que marca la Ley N° 11.723
Impreso en Argentina-Printed in Argentina

Una noche, en que el calor se había hecho insoportable
dentro de su habitación, resolvió salir a buscar
un poco de brisa y tomar un café granizado que debía
durarle hasta el amanecer. Era experto en esa técnica,
aprendida en su juventud y sabía aplicarla
con una impavidez que desconcertaba a los meseros.
Alvaro Mutis

Si no fuera por el misterio, de qué hablarían los escritores.
Lou Reed

Agua y sol del Paraná

ÉRASE UNA VEZ un río absoluto y turbulento, cuyos secretos –disfrazados de arena espesa, botines improbables o pescados de sabores intensos y voluptuosos– bautizaban la rada de un puerto con nombre de mujer. Anclados en *Rosario* (la ciudad-puerto a orillas del Paraná), marineros en tierra, prostitutas a la fuerza, poetas sin idioma y albañiles genoveses se jugaban a los dados la nostalgia detrás de cada balandra que zarpaba.

Hasta allí llegó, alguna noche de tormenta, un exhausto tripulante de la goleta británica *Sunderland*, con su cargamento de especias, aguardientes y vaporosas añoranzas de la bruma de Liverpool o Brighton. Allí también conoció las arenas movedizas de una alcoba de extramuros en el burdel de Madame Safó; y se embriagó en el perfume de sahumados temporales –timoneado por una esbelta bantú oriunda de Montevideo– hasta extraviar sus documentos, su lenguaje y su pasado.

Cuentan que tiempo después, el marinero lanzaba cada noche desesperados mensajes hacia la nave ausente, ocultos en vacías botellas de ron jamaiquino. Pronto se multiplicaron las botellas y amainaron los mensajes. Pronto también acudieron en su ayuda los albañiles genoveses, quienes erigieron un refugio donde jugarse a los dados tempestades imprevistas; arropados bajo el vaso de ginebra, la *pint* de cerveza negra irlandesa o la delicada euforia de aquellos pescados de sabores intensos y voluptuosos.

Dicen que muchos años más tarde, en otra noche de tormenta, un incendio destruyó el *Sunderland Bar*. Hoy, sus habitués y parroquianos saben que incluso ese accidente fue, acaso, exceso de pasión; mientras contemplan desde sus mesas los perfectos atardeceres de ese río absoluto y turbulento, surcado a ritmo de espectro por las pesadas lanchas dragadoras, y evocan (envueltos por un tango salvaje o los inspirados zumbidos del saxo de Charlie Parker escapándose como al descuido del *jukebox)* el ardor de las especias; el aliento a mate, azahares y tabaco de una esbelta mulata probablemente oriunda de

Tacuarembó, y las cadencias de la poesía sin idioma de aquel marinero en tierra que añoraba la bruma de Liverpool o Brighton.

Entre otras posibilidades.

Rum-Moka

2 cucharadas colmadas de helado de vainilla
2 cucharadas de hielo picado
1 copa de ron
Café cargado (cantidad necesaria)

Sirva el helado en un vaso de trago largo, hasta ocupar aproximadamente la mitad. Agregue el hielo picado, vierta luego el ron. Complete con el café cargado, muy caliente. Mezcle bien con una cuchara.

Blues local

EN EL PRINCIPIO fue La Boca. Hasta ese rincón de lo que hoy se conoce como Buenos Aires llegaron (fatigados por la distancia, debilitados por el escorbuto) aquellos conquistadores españoles que se toparon con un río abismal de ademanes marinos: allí alucinaron ninfas y sirenas y otras deliciosas criaturas insaciables; y decidieron fundar una insólita ciudad en el lugar, acaso para estar más cerca de ellas.

Con el tiempo, la sudestada, la tramontana y otros vientos no menos inquietantes, derramaron en esa costa –como húmedos restos de un caótico naufragio universal– el rebelde tamborileo de los negros esclavos de origen lusitano, el impertérrito silencio de vascos y ligures, la gestualidad exagerada y las supersticiones de los curtidos pescadores del Golfo de Capri; cada quien con su amuleto, su azaroso retrato, su garrafa de *grappa*, su inextricable confianza en los milagros, sus condecoraciones ajenas y su azaroso destierro.

No tardó la zona en conocer extrañas mutaciones, y aquel frondoso sauzal bañado por aguas transparentes en las que retozaban los delfines se transformó de a poco en la sentina del Río de la Plata, en un furtivo *cul-de-sac* a orillas del río sin orillas, donde agonizan –tumbados sobre su almohada de brea– barcos de mástiles ausentes y rumbos desguazados.

Pronto las mutaciones alcanzaron también a las medallas de guerra, los candelabros de bronce o los retratos, convertidos en monedas de cambio en bares y pulperías para obrar el milagro de la multiplicación de las garrafas de *grappa*.

Proliferaron entonces los cambalaches, donde los recién llegados se desprendían de algún incómodo lastre de su historia y se apropiaban de fragmentos de otra mejor, o al menos ajena, diferente.

Cuenta la leyenda que fue en uno de esos incipientes locales que alguien escuchó a cierto contramaestre de un carguero ucraniano (probablemente llamado Arkadi) jurar a gritos durante un arduo regateo que el extraño artefacto que ofrecía en venta había preparado inspiradas infusiones al siniestro confidente de los Romanoff.

Allí también, un inefable oficial de máquinas llamado Eugene O'Neill –envalentonado quizás por una de sus frecuentes ingestas de *irish whiskey* en dosis algo superiores a lo recomendable– pretendió alguna vez alzarse con una flamante máquina de escribir Underwood a cambio de un atractivo brazalete que, aseguraba, había pertenecido a la mismísima zarina (omitiendo aclarar, por supuesto, que *Zarina* era el pomposo *nom de guerre* de una astuta meretriz de la que conservaba –además del brazalete– el pegajoso recuerdo de las irrefutables pruebas de su renombrado rigor profesional, ejercido frenéticamente en algún penumbroso recodo de Estambul).

El lugar, desde entonces y hasta no hace mucho, fue conocido como *El Samovar de Rasputín* y –respondiendo tal vez a otra inevitable metamorfosis– se agotaron un día las antigüedades, al tiempo que se acumularon, abrumadoras, las garrafas de *grappa* junto a los excedentes de *irish whiskey* o *vodka* que abultaban el comprometedor equipaje de aquellos solícitos transportistas algo remisos a los tediosos trámites burocráticos de importación.

Así pues, el cambalache devino en versión contemporánea de las primitivas pulperías, hasta llegar a convertirse en un generoso reducto, gutural como un grito de gol, donde van a celebrar su insomnio los polizones de la madrugada: ojo de buey para que las almas a la deriva avizoren y se aferren a su ondulante tabla de blues.

Desde siempre, La Boca del Riachuelo supo de rechazos y fervores. Sus acérrimos detractores –que nunca faltan– advierten que la zona, especialmente por las noches, es *la boca del lobo*. En cambio sus asiduos entusiastas –gentes de sangre caliente, piel sensible y garganta sedienta– prefieren compararla con *la boca de la loba*.

Como las de esas tangibles sirenas y ninfas de carne y hueso capaces de desgarrar el escenario de *El Samovar de Rasputín* con los aguardentosos lamentos de *Summertime* de Gershwin, eventualmente escoltadas por el sincopado ronroneo de fiera en celo que vuela desde el Stradivarius de aquel eximio violinista que huyó de la orquesta sinfónica como de una condena o de una amante memoriosa.

En esa calle que baja hacia el Riachuelo –como un modesto fiordo adoquinado– el último acorde de cerveza rara vez era el último, sino apenas un resignado preanuncio del amanecer: ese absurdo *streaptease* del horizonte que emerge bajo los puentes levadizos, atónito y macilento como una procesión.

18

SILVIA PEREZ FERNANDEZ

Café a la turca

Para preparar esta modalidad oriental
debe calcularse:

1 cucharada de café
1 cucharadita de azúcar
y 1 taza de agua por pesona.

Hierva el agua. Mezcle el café con el azúcar.
Agregue gradualmente el agua hirviendo. Caliente
luego el conjunto hasta ebullición. Retire del fuego
y repita 2 veces la operación. Agregue una
cucharadita de agua fría y deje reposar durante
aproximadamente 1 minuto antes de servir.

Café irlandés

"Vamos Mary Grimes,

si yo no lo tomo házmelo tomar,

porque sabes que lo necesito."

James Joyce

ESA DAMA que se parecía a la mejor cerveza negra del mundo tenía un cuerpo firme, casi perfecto, y sabía que su morena piel se dibujaba sin prisa entre los pliegues de la breve túnica de terciopelo color sombra. Cada vez que atravesaba la puerta de aquella pub irlandesa escondida en pleno Barrio Norte de Buenos Aires, expelía a su alrededor un perfume seco y levemente amargo, en el que los más perceptivos creían reconocer ciertas tenues reminiscencias del persistente rocío del Liffey River.

Dicen que cuando recorría los pocos pasos que la separaban de la barra, lo hacía como si ejecutara la ancestral coreografía de una remota ceremonia druida o una eficaz y astuta maniobra del juego de *hurling*, una

23

finta que –según exageraban los más entusiastas devotos de la *happy hour*– era capaz de lograr que hasta los dardos detuvieran su trayectoria en el aire para darse vuelta y observarla por un momento, antes de proseguir su incierto vuelo hacia los rincones menos hospitalarios del blanco instalado en lo alto de una columna como una suerte de plebeyo blasón.

Ella se acomodaba en el longilíneo taburete como una monarca en el exilio que acabara de recuperar el trono –o mejor aún, las joyas de la corona–, encendía un *Dunhill* con estudiada displicencia y, mientras exhalaba la primera bocanada de humo, se inclinaba hacia el barman con la furtiva actitud de un conspirador a punto de transmitir a sus cómplices un discretísimo santo y seña:

"Dame un *Orgasmo*", susurraba.

En más de una oportunidad, el parroquiano ubicado en el taburete contiguo creía sufrir de alucionaciones auditivas o haberse enrolado –sin darse cuenta y a los pocos sorbos de su primera vuelta de *whiskey*– en la escasamente confiable legión de los más entusiastas devotos de la *happy hour*.

Por fortuna y para variar, en la pub *The Shamrock* el barman no era la impávida caricatura de un mayordomo de *cottage* rural, sino más bien un proyecto de poeta maldito o estrella de rock: un pelilargo escapado del mayo francés, con semblante de perso-

24

naje de Beckett y tan afecto a la buena música como a la conversación amable salpicada de *seanachas* o leyendas varias.

"El Orgasmo es un cocktail dulce y viscoso como el *Bailey's Irish Cream* que lo protagoniza", solía explicar del otro lado de la barra en un tono entre didáctico y misterioso –similar al usado por los *seanachaites* para relatar las milenarias hazañas de St. Patrick–, mientras agitaba el *Boston-shaker* como si se tratara de un nuevo y experimental instrumento celta de percusión creado especialmente para acompañar la etérea voz de la cantante Lorena Mc Kennit, que a menudo fluía entre las mesas y la barra, igual que el eco de la marejada frente a las rocas de la Bahía de Dingle.

Esa dama que se parecía a la mejor cerveza negra del mundo ansiaba aquellos *Orgasmos* más que cualquier otro joint venture de licores en el mundo. Casi con el mismo grado de ansiedad que mostraba por escuchar esas inquietantes historias de monstruos ominosos aplacados por St. Finbar bajo las aguas del lago de Gougane Barra. Pero sus preferidas, por cierto, eran las absurdas especulaciones sobre el destino de los tres hombres que tras ser expulsados del Arca de Noé fueran sobrepasados por las demandas pasionales de sus 50 fogosas compañeras de destierro en la Bahía de Ballinskelligs.

Mitos y fábulas que cada parroquiano del local elevaba casi sin proponérselo –y a medida que arreciaban las medidas– a la categoría de verdades absolutas e irrefutables, como si con sólo atravesar la puerta de aquella pub irlandesa escondida en pleno Barrio Norte de Buenos Aires hubieran logrado besar –a tantas millas de distancia– la famosa piedra de Blarney, que otorga el don de la elocuencia a quienes posan sus labios sobre ella.

No faltaban quienes, a cierta altura de la noche (transcurridas, quizás, suficientes *happy hours*), sostenían con énfasis de teorema que esa dama que se parecía a la mejor cerveza negra del mundo no era otra que la exacta reencarnación (o acaso un fantasma sociable y sensual) de aquella otra joven dama irlandesa que un siglo y medio atrás, y a pocas manzanas de allí, solía confesar lo inconfesable a su confesor: un párroco también extranjero que asfixiado por el peso de sus hábitos primero simplemente dudaba y después dudaba, nada menos.

Aquel romance prohibido conoció trágico final cuando un *farmer* local, que detestaba a los extranjeros y desconocía beneficio alguno de la duda, no dudó en mandar fusilar a los amantes, tal vez sin llegar a enterarse jamás de que los irlandeses solían bautizar a sus hijos hundiendo sus cuerpos en el agua de la pila, pero dejando afuera su mano derecha para que en el futuro supieran empuñar la espada y abrazar a las doncellas.

Nadie sabe a ciencia cierta si los tréboles aportan buena fortuna o conceden don alguno, ni si quien encuentra un anillo en un plato de *colcannon* descubrirá el verdadero amor antes de que transcurra un año del hallazgo. Sin embargo, cuenta una de las ignotas seanachas contemporáneas de esta parte del mundo que existe una pub irlandesa escondida en pleno Barrio Norte de Buenos Aires, llamada *The Shamrock* (el trébol), donde la etérea voz de Lorena Mc Kennit alcanza para detener los dardos en el aire, mientras flota en el ambiente un perfume seco y levemente amargo como el de la mejor cerveza negra del mundo o el persistente rocío del Liffey River; y dice también que cada vez son más quienes sospechan –casi hasta el grado de certeza absoluta– que allí se preparan algunos de los mejores orgasmos de la gran aldea bajo la cruz del sur.

Café irlandés

Café
Whiskey
Crema de leche
Azúcar

Mezcle en una copa grande 4 partes de café caliente,
y endulzado a gusto, con 1 parte de whiskey. Deje flo-
tar por encima una cucharada de crema de leche.

Afiches

MARINA VAINTROIB

Al salir, no llovía;
hubiera sido redundante.

Juan Sasturain

LA PRIMERA VEZ que se sentó a la mesa junto a la ventana que se asoma sobre la calle Paraná, apenas prestó atención a la radio que aturdía el *Café Bar Del Carmen* con el desaforado relato de una semifinal del Mundial de México. Su indiferencia, quizás, mucho tenía que ver con que Diego Armando Maradona –en ese entonces un niño de su misma edad– lejos estaba aún de convertir en estadística el sueño del pibe y más lejos todavía de que el personaje le atrapara el alma en la jaula fotográfica de un poster descolorido. En esos días, Dieguito recién empezaba a desafiar las leyes de gravedad con gesto indómito (las medias bajas, la melena chúcara, la lengua asomándose insolente) des-

31

de un televisor Zenith en blanco y negro, domando una Nº 5 en vivo y en directo –en *carne y hueso*– durante los *Sábados Circulares* de Pipo Mancera.

Aquella tarde de verano porteño en que él se sentó por primera vez a la mesa junto a la ventana en el *Café Bar Del Carmen*, su padre no imitó al mago del bandoneón Aníbal Troilo –quien además de leyenda tanguera era el habitué de honor del bar, donde cada vez que se terminaba su vuelta de whisky solía reclamar "reposición de banca"– sino que pidió un whisky sin hielo –aclaró "se moja", con sonrisa pícara– mientras él se preguntaba, espiando sobre los bordes de la taza una de las fotos de la pared, cómo haría ese hombre que parecía dormirse abrazado al bandoneón para extraer sonidos tan sublimes de aquel extraño instrumento.

Cuando más tarde su padre se levantó de repente como hipnotizado, atravesó de un tranco la puerta vaivén y cruzó corriendo la calle Paraná al grito de "¡Homero!", él creyó por un momento que su progenitor acababa de encontrarse con el autor de *La Ilíada* (tendía a sobredimensionar las virtudes de su padre, como todo niño; o tal vez un poco más, sumándole a la edad la distancia y lo exiguo de aquellos encuentros, para su gusto demasiado limitados a las *matinées* y meriendas de los sábados.)

No pudo disimular cierto gesto de decepción cuando su padre le presentó a Homero Expósito, a quien él encontró demasiado parecido a un boxeador, un luchador de catch o un gremialista de armas tomar como para creer al pie de la letra aquello de *"poeta de tango"* que su padre subrayaba con tanto énfasis y algo de orgullo prestado.

Al rato, el poeta aprovechó una pausa en la conversación para dirigirse hacia él y preguntarle con una sonrisa el consabido "¿qué vas a ser cuando seas grande?".

"Poeta de tango", contestó el niño sin dudar. Expósito sonrió halagado y le aseguró que *"en esto, llegar a la fama no es difícil: lo único inaccesible es la guita."* Sólo entonces sintió curiosidad sobre por qué ese chico había elegido acompañarlo en la vocación. "Para que mi papá cruce la calle corriendo cuando me vea", aseguró el niño, y hasta el volumen de la radio descendió de golpe y se hizo cómplice del silencio grave y lejano que siguió a la espontánea confesión.

Con el tiempo, sin embargo, ese chico cambió de idea en cuanto cruzó la frontera de la infancia; acaso inhibido desde que llegó a la conclusión de que *Naranjo en Flor* era, para su gusto, una obra infinitamente superior a La Ilíada. Se dedicó al psicoanálisis, aprendió a descifrar el futuro en la borra del café y a esquivar el whisky, perseguido por una gastritis implacable que como un *stopper* pegajoso forcejea con su estómago desde la Guerra de Malvinas. Se acostumbró también a frecuentar la mesa junto a la ventana que se asoma sobre la calle Paraná del *Café Bar Del Carmen*, sin poder evitar la tentación de espiar sobre los bordes del pocillo para observar casi al acecho la vereda de enfrente cada vez que desde la radio lo sorprende el desaforado relato de un gol de Maradona, los agudos sublimes del bandoneón de Pichuco, o con su cantora preferida fraseando con *tempo* blusero y voz ripiosa –mezcla de tabaco negro, *Caña Legui* y amanecer reciente– una de las líneas más inspiradas del poeta.

Esa que dice: *"después, qué importa del después."*

Café con leche helado

Prepare un café fuerte. Deje enfriar y coloque en una cubetera. Lleve al congelador para convertirlo en cubitos. Luego sirva los cubitos en un vaso de trago largo y sirva crema de leche a temperatura ambiente. Mezcle bien y espolvorée con canela.

Tan lejos de Brest

ESA NOCHE soplaba un viento difícil, agobiado de presagios, en estos desorientados andurriales olvidados por la suerte. Las ráfagas husmeaban en cada rincón del puerto de la *Santísima Trinidad de los Buenos Aires*, enredando a su paso el olor a suave melancolía de las magnolias en los patios, el vaho festivo del chocolate amargo y los pasteles fritos en las cocinas, la exótica sutileza del jabón de Bolonia en los aguamaniles y el hedor impúdico escapado de los mataderos cenagosos que acechaban a orillas del *Zanjón del Medio*.

Hacía horas, además, que aquella brisa indescifrable arrastraba un eco inquietante: un quejido apenas audible –glacial y agudo como el silbido de las ánimas o el desasosiego de los humanos– que reverberaba disonante entre las gradas de la Plaza de Toros, y agitaba la duermevela de esta aldea remota, demasiado soliviantada durante ese otoño desquiciado entre tanta sospecha contagiosa y tantas lealtades resbaladizas.

Había también una garúa que azotaba –inexorable– las facciones ásperas y difusas de aquel longilíneo bretón recién desembarcado con más paciencia y nieblas en la memoria que agilidad dentro de las botas. No era la primera vez que atravesaba una absurda pesadilla de oleajes encrespados y provisiones inexactas para venir a dar con sus huesos en este no menos absurdo caserío caído del mundo; aunque había tenido que esperar demasiado tiempo para volver a tener la oportunidad de repetir la osadía.

"*Ar mor*" había murmurado el bretón en bretón quince años atrás: en una letanía que lo acompañó como un fiel edecán invisible durante aquellos meses dilatados como la distancia hasta el horizonte que demoró su forzado viaje de regreso a Brest, después de haber sido deportado –con más pompa y alharaca que argumentos dignos de debate– por la *Real Audiencia* de Buenos Aires. *Abuso de imprenta* había sido el "delito" imputado por estos necios supersticiosos que alucinaban demonios y maleficios insondables detrás de cada mancilla de tinta, de cada letra de molde y de cada palabra pronunciada con entonaciones que delataran reminiscencias de la *langue d'oïl.*

Por aquel entonces, había montado en estos parajes, junto a *son cher ami* Jacques, una factoría que hubiera provocado la envidia justificada de las más opulentas manufacturas de Southampton o Pau: desde el alba hasta la Oración separaban, como aprendices de cirujanos, entrañas y huesos de las corpulentas reses interminables; y trituraban luego las carnes en un mortero excesivo, hasta convertirlas en una pasta enlatada que era más tenaz y confiable que un ancla o que el más inspirado designio de Neptuno para amarrar los estómagos de los navegantes en medio de los frecuentes huracanes del hambre que solían abordarlos, como un hábito inoportuno, en alta mar (o en *"ar mor"* como le gustaba decir al bretón en bretón.)

"Heredero de Merlín, como buen hijo de la Bretagne", solía palmearlo Jacques –con voz eufórica y gestos ampulosos– cuando por las noches acorralaban la fatiga de la jornada en el único *Café* que existía entonces en el villorio, atendido por el compatriota Beltran. Sin embargo, no era difícil traducir la desconfianza y acaso el insensato resentimiento de aquellos que abjuraban de las bromas de los franceses en el café, de la costumbre de los franceses de beber café en ese *Café* de *patron* francés, y de la fábri-

ca de *Pasta de Carne* enlatada de los franceses. Sobre todo de la fábrica, a la que los iletrados vinculaban con los calendarios impíos, las peligrosas teorías de Rousseau y las incipientes acciones compulsivas de Robespierre antes que con la legendaria sabiduría de los alquimistas.

A la misma hora en que unos añoraban el esplendor de las luces de las arañas sobre los espejos del *Café Procope* en el *Pont-Neuf* parisino, había otros que no disimulaban su nostalgia por el resplandor de las hogueras que apaciguaban el pavor ante lo nuevo, lo desconocido, lo diferente.

Ahora, en la desapacible noche de su dudoso regreso a este puerto después de quince años –esa noche en la que soplaba un viento difícil y que un calendario ajeno a todo recelo insistía en señalar como la del décimo día del mes de junio del Año de Gracia de 1810– el bretón también había elegido el amparo de un café, pero esta vez sólo para desentumecer los recuerdos y para mentirse que los estremecimientos y vacilaciones de sus rodillas nada tenían que ver con los calendarios, y discurrir que eran apenas la lógica consecuencia del *mareo de tierra* que sucede a las navegaciones prolongadas.

El *Café de los Catalanes*, acurrucado a espaldas de la Recova, no era ese otoño el único de *la Trinidad*, pero se le antojó como el más próximo a su hastío entre todos los que le había ido recomendando *son cher ami* Jacques a lo largo de una prolífica correspondencia, cuyas cartas, invariablemente, dirigía al "Heredero de Merlín, como buen hijo de la Bretagne"; aun aquellas que habían sido dictadas a los amanuenses en medio del protocolo que se respiraba en el incómodo y solemne despacho del virrey.

A menudo el bretón había recibido algunas de esas misivas como si se tratara de los mensajes en una botella que un desconocido había remitido a otro desconocido cuyo nombre le resultaba, sólo algunas veces, vagamente familiar; mientras se retraía sin culpa en su tibio refugio de La Martinica, donde había logrado convertir una escala providencial en algo parecido a una fuga persistente; y donde se rindió casi beatíficamente a las amarras lascivas y urgentes que a diario le tendía –desde la Oración hasta el alba, y también en las siestas insomnes– una haitiana borrascosa y abundante, dotada de un tifón sublime entre los muslos trémulos.

La mayor bendición que el escéptico bretón admitía haber recibido de la Providencia, era esa compacta niebla en su memoria que sólo le permitía recordar cómo el amo se había convertido en desesperado esclavo de aquellos indómitos estertores febriles, de aquellos desaforados estribillos poblados de alaridos incontinentes, de aquellas imperiosas convulsiones entre sudores almizclados; a la vez que le negaba todo registro sobre qué confuso episodio de saqueos y pillajes o por arbitrio de qué ignota magia vudú habían amainado alguna vez esos alborozados vendavales de resuellos voraces y lúbricos zarandeos.

Sólo recordaba que después hubo travesías y bailes de máscaras y salones suntuosos y carruajes desvencijados; y hubo desvelos entre la humedad inhóspita que desleía la piedra de algún efímero castillo al borde de un acantilado; y hubo *ceviches* y *carapulcras,* y hubo también regateos con bucaneros, y babores y estribores y emboscadas de caníbales y deudas y herencias y palacios y tugurios, y aún más travesías.

Poca impresión podían provocarle ahora las pueriles miradas torvas y la poco menos que ingenua actitud maliciosa de aquellos jóvenes encapotados –alguno podría haber sido su hijo, y quizás lo fuera– que escudriñaban desafiantes cada mínimo gesto del intruso en el *Café de los Catalanes.*

En rigor de verdad, ningún interés genuino le despertaban los caprichosos sobresaltos del porvenir desde que había comprendido que ese permanente levar anclas en el que transcurrían sus horas se había convertido en un éxodo improvisado y displicente, similar al de los escuálidos perros de Brest que deambulaban indiferentes hacia *Roscoff* o *Ouessant* apenas reconocían la llegada del irreversible declive de sus fuerzas y sus instintos.

Sin embargo, aquella noche en la que soplaba un viento difícil, los caprichosos sobresaltos del porvenir parecían haberse maquillado con la máscara burlona de algún irreverente bufón extraviado de sus cabales. Al menos eso creyó que pensó el bretón en bretón cuando el *patron* del *Café de los Catalanes*, que no era catalán, le confió en italiano que esa misma noche los presagios que agitaban la duermevela habían hallado fundamento en un grupo de jóvenes encapotados –alguno podría ser parroquiano del café, y quizás lo fuera– que había disparado con saña sus arcabuces sobre el último jerarca de la *Real Audiencia* de Buenos Aires, quien pocos días antes había "jurado" lealtad a la nueva Junta de Gobierno farfullando incongruencias mientras mordisqueaba un mondadientes en señal de evidente desprecio.

El *patron* acompañó su azorado relato con un incontenible temblor similar al que el bretón adjudicaba a los *mareos de tierra* que suceden a las navegaciones prolongadas, y cuya consecuencia fue que el café que servía se derramara por encima de los bordes del jarro de metal, resbalando hasta inundar el plato que oficiaba de soporte.

Al escuchar al bretón responder en francés, los jóvenes encapotados de la mesa contigua creyeron que

43

el accidente obedecía en realidad a una moda bizarra y reciente, relacionada de seguro con los calendarios impíos, las peligrosas teorías de Rousseau y las memorables acciones compulsivas de Robespierre; y adoptaron desde esa noche en la que soplaba un viento difícil y en la que se había brindado la más violenta lección de buenos modales que recordaran estos andurriales olvidados por la suerte, la costumbre de hacerse servir el café hasta desbordar el tope del jarro de metal, hábito que se convirtió, durante décadas, en el signo de identidad del célebre *Café de los Catalanes.*

"Fest noz" (fiesta de noche) creyó que pensó aquella noche el bretón en bretón mientras se acercaba con parsimonia la lumbre de una vela para encender un cigarrillo de tabaco de Manila mezclado con bergamota; uno de ésos que sólo fumaba en ocasiones muy especiales.

Carajillo

1 taza de café recién preparado
1 copa de anís o coñac

Mezcle simplemente el café con el licor.

Persona a persona

Alicia Scavino: *Bombardeo con el café de cada mañana.*

SE DICE QUE los corazones arrancados a las víctimas de los sacrificios debían ser arrojados, como alimento para las divinidades, hacia la bandeja que la pétrea figura del dios *Chac–Mohol* sostenía en su estómago; alcanzará a leer en la explicación que –en un inglés opinable y desde el otro lado de la pantalla de cristal líquido– dilucidará algún insomne erudito de las apartadas estepas de *Kiatka* –al sur de *Irkutks*–, previsiblemente aficionado al *vodka-tonic* y menos previsiblemente versado en las milenarias cirugías rituales de los aztecas.

Después le será revelada la distante mansedumbre de ciertas bucólicas acuarelas capaces de capturar emociones inéditas en el armonioso repliegue de las aguas sobre las áureas ensenadas de las *Islas Seychelles*; de acuerdo con el entusiasmo que desplegará para alabarlas una sensible *marchande* de origen suajili, habituada a ataviarse con el tradicional *bui bui* negro que la cubre íntegramente –exceptuando los ojos, claro está– aun en medio del más extravagante *vernissage* celebrado en alguno de los excéntricos galpones vanguardistas del Soho neoyorquino.

Más tarde, el imprevisto redoble del granizo retumbando sobre parabrisas y cunetas de los automóviles importados estacionados sobre la calle Guido, le recordará –sólo por un momento– que se encuentra sentado a la mesa de un café singular, ubicado en un distinguido distrito de Buenos Aires.

Sólo por un momento también, especulará sobre el asombro que presumiblemente asaltará a los eruditos de los próximos milenios cuando –al examinarnos con la misma distancia de entomólogos con la que nos hemos acostumbrado a intuir ceremoniosas aberraciones en la supuesta vida cotidiana de los aztecas– descubran la existencia en esta ciudad de un café –regenteado por un francés, como el primer café de Buenos Aires– en el que los parroquianos se sentaban frente a unos extraños escritorios triangulares individuales, equipados con terminales de computadoras conectadas a la autopista informática *Internet*; y donde cada pantalla de cristal líquido se convertía acaso en una ventana ajena por completo a cualquier aspersión de la lluvia que retumbaba a espaldas de los inquilinos del ciberespacio, a quienes el chubasco se les antojaba tan ilusorio como la visión repentina de la noche urbana a la salida de un cine en el que acabaran de proyectar un *western* generoso en planos generales de peñascos desérticos, entre pólvora y polvaredas.

Supondrá, además, que los más perspicaces alcanzarán a revelar que en ese curioso local podría haber trabajado alguna vez una camarera de pelo encrespado y piernas animosas, bruñidas por el sol, subrayadas por una concisa falda de jean desteñido, que más de una vez habría tarareado distraída los *leitmotifs* que flotaban desde la radio: como ese cadencioso *rythm 'n' blues* silabeado por el envolvente vozarrón de aquel talentoso *bluesman* de Mataderos –triste y cordial como un porteño de verdad, y antiguo apuntador en el puerto– que adjudicó gran parte de sus éxitos musicales a las favorables intervenciones celestiales de San Cayetano, y lo retribuyó mudándose con las regalías del primer *hit* a una casita emplazada en Versalles, en los inmediatos alrededores de la parroquia.

Sin vos no soy, ni seré, más que un montón de nada, confesará la canción, y no faltará el navegante informático que –*mientras fuma y toma café*– relacione la estrofa con la leyenda de aquel ingenuo y amartelado estudiante belga seducido cada noche por la mujer perfecta: aquella que desde el otro lado de la pantalla de cristal líquido encontraba a cada encuentro palabras más eficaces y convincentes para prometerle abismos. La leyenda cuenta que cuando el estudiante quiso conocer a la mujer perfecta descubrió que la mujer perfecta no existe; y que su vehemente corresponsal no era otro que cierto perverso septuagenario parapetado detrás del ocio obligatorio, el mal de Alzheimer, un cruel sentido del humor, y una terminal de *modem* desprolijamente vigilada en las oscuras oficinas de una tediosa residencia geriátrica de Lieja.

Pensará que con todo eso y más se toparán los más sagaces antropólogos del futuro; al mismo tiempo que escuchará con atención el rítmico murmullo de los teclados dispersando el silencio en Le *Web Ciberc@fé*, y hallará en ellos –sólo por un momento– una equivalencia sofisticada y finisecular con el código Morse o con el inveterado *tam-tam* de los tambores de mangle de las primitivas tribus nómades de Kenya.

Después, volverá a concentrarse en el exquisito café humeante que lo acompaña a un costado de la pantalla de cristal líquido; y continuará relatando –para sorpresa de vaya a saber qué ignoto arquitecto finlandés– el prodigio de aquella locutora ciega de una pequeña emisora perdida en el sur de Chile que cada mañana describía, con palabras más eficaces y convincentes, la imponencia de los glaciares o los picos nevados y la hipnótica infinidad del mar, entre otros paisajes que jamás habría de contemplar con sus propios ojos.

¿La única verdad será la realidad virtual? consultará –en un inglés opinable y en el último minuto de su media hora disponible de navegación por *Internet*– para desconcierto de algún insomne erudito de las apartadas estepas de *Kiatka* –al sur de *Irkutks*– previsiblemente aficionado al *vodka-tonic*.

Luego escribirá un seudónimo –acaso *"Chac-Mohol"*– al pie de la pregunta.

Café Cola

1 taza de café fuerte helado
2 cucharadas de crema
3 cubitos de hielo
Coca-Cola

Mezcle el café helado con la crema. Coloque los cubitos de hielo en un vaso alto de trago largo y vierta la mezcla. Complete con la gaseosa.

El vino quemado
de Sechuán

"El dinero no es todo.

También hay tarjetas de crédito"

Karlos Arguiñano

Pero si me das a elegir
entre todas las vidas, yo escojo
la del pirata cojo,
con pata de palo,
con parche en el ojo,
con cara de malo,
el viejo truhán, capitán
de un barco que tuviera por bandera
un par de tibias y una calavera.

Joaquín Sabina

CIERTO MIERCOLES al atardecer, hace hoy casi dos siglos, un vacilante bergantín de madera de Lorena –impregnado de alquitrán, tiznado de salitre y herido de abordajes inconclusos– asestó subrepticiamente su tambaleante palo mayor, su sospechosa discreción de ritual pagano, su bandera difusa y sus velámenes raídos, en el escarpado linde de una ribera inexpugnable, como la ambigua bitácora de navegación: atiborrada de escalas ausentes y rumbos ficticios, junto a los resabios de *Kornbrand* y *gin* que manchaban los bordes de las gastadas hojas, dispuestas a un lado de las gotas de sangre que –según los más experimentados, locuaces, hirsutos y dipsómanos miembros de la tripulación– provendrían de un corte que se habría practicado a sí mismo al afeitarse el capitán White; pero que éste insistía en atribuir –con irrefutable tono intimidatorio– a las secuelas de las represalias posteriores al primer y último intento de motín a bordo de la veterana embarcación corsaria.

Aquel miércoles, al atardecer, el ancla se zambulló entre los pantanosos matorrales con un estrépito húmedo y exagerado, similar al que producían los embarazosos prisioneros al caer desde cubierta, víctimas del gesto expeditivo que aunaba juicio, condena, ejecución y sepelio detrás de un raudo y enérgico empujón.

Sin embargo, ese crepúsculo no fue *Juan Gerónimo White* –suponiendo que ése fuera su verdadero nombre– el primer filibustero en hundir sus botas sobre las huérfanas playas de aquel equívoco mar sin espuma, dormido en la desembocadura que dos siglos después se conocería como el vértice norte de la Bahía de Samborombón.

El primero en bajar a tierra fue Bowell, su legendario lugarteniente: el mismo que –según las etílicas habladurías, a las que eran afectos los tullidos sobrevivientes de turbiones descomedidos, en las noctívagas tabernas de *Cornwell*– era descendiente del mítico contrabandista que había logrado arrebatar a los mandarines chinos su más celoso secreto de estado, desde que sustrajo en el interior de un bastón (y disfrazado de monje) los primeros ejemplares de gusanos de seda que llegaron vivos a occidente.

Fue Bowell también quien bautizó como *Monte Veloz* al lugar, y quien lo instituyó como el escondite perfecto, al comprobar que aquellos atestados bosques movedizos parecían crecer como si su multiplicación dependiera de algún inexplicable apareamiento entre los árboles, o como si obedeciera a los ajenos dictados de los improbables dioses protectores de los salvajes que habitaban ese páramo inaccesible; al que muy pronto los más experimentados, locuaces, hirsutos y dipsómanos miembros de la tripulación del capitán White lograron descifrar como un paradigmático edén para fugitivos.

Allí enterraron oro, armas y baúles. Allí encendieron fuego por las noches. Allí bebieron en exceso el *sao chiu*, el vino quemado de Sechuán que Bowell preparaba en un improvisado alambique. Allí soñaron con los favores de alguna dama de la corte del imperio, o con los impetuosos arrebatos de alguna paradojal cautiva voluntaria, capaz de arracimarse una y mil veces hasta provocar una adicción tan irreprimible como las sufridas por los adeptos al tabaco, las cautivas, el té, el *gin*, el *arak*, el oro o el *sao chiu*, el vino quemado de Sechuán.

Allí estableció entonces su feudo esta quimérica legión de caballeros de la noche. Allí fue donde primero fue imposible atraparlos, después siquiera divisarlos, hasta que se convirtió en el vestigio de la sospecha de alguna leyenda inventada por los salvajes que habitaban ese páramo inaccesible, para evitar las migraciones y el inapelable poder de los bastones de fuego de los *huincas*.

Cuando casi un siglo después del crepúsculo de ese miércoles, los *huincas* desalojaron finalmente a los salvajes de ese páramo inaccesible, tranformaron al lugar en un edén bastante menos clandestino, comparable con los esplendorosos jardines del *Lake District*. Allí regalaron un lago artifical con cisnes y flamencos como anillo de bodas; allí acopiaron piezas de plata, armas y vasijas, y allí también construyeron cabañas, caballerizas, molinos que jamás molieron un grano –ni siquiera para destilar el *arak*, el enloquecedor aguardiente persa–. Allí edificaron una *Tea House*, donde las damas de la remota aristocracia del *Sexto Dominio* rieron bajo las sombrillas entre las avenidas de pinos, cipreses y eucaliptus; donde también bebieron sus perfectos tés *lapsang souchong* y se deleitaron con sonatas de Bach ejecutadas en el clave de la habitación contigua, entre los infinitos ramos de orquídeas que crecían con la misma velocidad con la que extrañamente aún se multiplicaban los montes de talas, como si todavía se mantuvieran alertas, a la manera de voluntarios dispuestos para el camuflaje de salvajes, corsarios y filibusteros.

Después, mucho después, hace hoy casi dos semanas, una decena de privilegiados parroquianos bebía su exquisito té de Ceylán en las antiguas mesas de la *Tea House de Monte Veloz*: exactamente allí donde un filibustero llamado Bowell –según cuentan los hirsutos y dipsómanos parroquianos de las noctívagas tabernas de Cornwell– enterró la herencia de la recompensa obtenida por sus antepasados después de arrebatar a los mandarines chinos el secreto de la seda que vestía a las damas de la corte del imperio (británico), junto con el serpentín del improvisado alambique en el que preparaba, durante las húmedas noches de hace hoy casi dos siglos, el más delicioso *sao chiu*, que haya probado en su vida corsario alguno.

Café del Colono

Mezcle en una batidora café frío cargado, coñac, 1 banana picada y hielo granizado. Licúe hasta obtener una mezcla espumosa.

Cuerpo de alambre

A Juan Sasturain

Tango que he visto bailar

contra un ocaso amarillo

por quienes eran capaces

de otro baile, el del cuchillo.

Jorge Luis Borges

Refieren las historias orientales

la de aquel rey del tiempo, que sujeto

a tedio y esplendor, sale en secreto

y solo, a recorrer los arrabales

Jorge Luis Borges

SUCEDIO EN BUENOS AIRES, y fue al filo de la madrugada: hubo una noche de verano en la que no hubo luna, o que su luz fue apenas un vago indicio, una imperceptible cicatriz en el oculto rostro de aquel cielo enmascarado detrás de una oscura maleza de nubes, enrarecida por una eléctrica excitación en la que se intuía la evidente inminencia de un categórico aguacero.

Un negro y desvencijado Ford deambuló sobre la incómoda alfombra de adoquines, con un vaivén irregular, igual a la pose de un gato rengo que exhibiera con desparpajo su decadencia, vagando con paso vacilante entre los imprevisibles desniveles de los abruptos tejados del arrabal.

Al llegar a una bocacalle, el vehículo se detuvo junto a la ochava con la parsimonia señoril del aterrizaje de una garza; en el preciso momento en que –a lo lejos– las campanadas de un reloj empotrado en la cima de una torre dictaminaron la hora en punto; y en que –más lejos todavía– un metódico linotipista polaco maldijo con un intraducible bisbiseo sus molestos dolores de cintura, antes de yuxtaponer con precisión de relojero –o de buscador de oro– la minúscula pieza metálica que imprimiría el *Cero* final para completar el *1920* de la fecha que –unas pocas horas más tarde– subrayaría la portada del diario de la mañana siguiente.

Entre tanto, y mientras el Ford infestaba de acres y oleosas emanaciones los delicados efluvios de las glicinas, de uno de los laterales del automóvil descendió –con dificultad y apoyándose en un bastón– la espigada figura de aquel anciano nigromante de estos confines meridionales, al que las linotipos habían bautizado alguna vez como *El Fabricante de Lluvias*: refiriéndose a su influencia sobre los *cumulus limbus* (nunca del todo comprobada, pero jamás del todo desmentida), especialmente en los menos prósperos y más apartados territorios del país, en aquellos campos indefensos donde la sequía devoraba ilusiones, cansancios y sudores como un invisible monstruo voraz que se fagocitara sin límites ni clemencia el ausente producto de la tierra.

Resoplando ayes y fastidiosos suspiros, el anciano bordeó la proa del coche, percibió el tórrido aliento del motor aún en marcha y recortó su silueta frente a la cegadora luz de los faros. Luego limpió sus espejuelos con gesto flemático y se apoyó pausadamente en el lateral opuesto de la máquina.

Encendió un cigarrillo *Misterio* y –tras asegurarse durante largos minutos de que no se acercara ningún automóvil en sentido transversal– giró sobre sus pasos dispuesto a reanudar la marcha. Siempre había detestado la fatuidad de aquellos burócratas soberbios que solían desconfiar de sus dones y conocimientos. Esos que con frecuencia lo habían fustigado desde ambiguas ordenanzas y decretos, intentando limitar su labor: que él, por otra parte, insistía en definir como rigurosamente científica; exigido a menudo a sostener sus tesis como una suerte de insólito Galileo de hablar sesgado, acento suburbano, chalina de seda y chambergo. Pero la vigencia de aquel ridículo edicto que lo obligaba a descender del Ford en cada esquina, para prevenir de a pie el posible cruce de otro vehículo, se le figuraba como una obra maestra de la insensatez.

A punto estuvo de apostrofar al somnoliento vigilante de ronda antes de apoyar su pie en el estribo del lado del conductor; pero el repentino estrépito de un trueno –precedido por el desmedido fogonazo de un exagerado relámpago– lo sobresaltó al extremo de forzarlo a interrumpir la maniobra y distraerlo de sus adversiones.

El fugaz resplandor iluminó *a giorno* su espigada figura, el negro Ford, las delicadas glicinas, la incómoda alfombra de adoquines que se extendía hasta las escalinatas de acceso al *camposanto*, la peraltada pista circular alrededor de la pista de baile en *El Velódromo*, y el demorado trajín de un tranvía –acercándose, ahora sí, en sentido transversal– a bordo del cual *El Fabricante de Lluvias* vislumbró, como una aparición, el rostro picado de viruela de José Ovidio Bianquet.

Escasas emociones despertaba la mención de ese nombre antes de la caída del sol: pero después del crepúsculo –como uno de esos románticos héroes de capa y espada y doble personalidad– Bianquet se transformaba en *El Cachafaz* , y la sola cita de ese apodo provocaba inmediatas muestras de admiración y respeto: adhesiones similares a las que a diario se le profesaban a las capciosas maniobras de los *cracks* de *football* o a las impetuosas epopeyas de los estoicos gladiadores del box local.

Pero Bianquet –o mejor dicho, El Cachafaz– sabía reunir pies de futbolista y cintura de boxeador cada vez que improvisaba las coreográficas filigranas que lo habían llevado a ser considerado por aquellos

67

días como uno de los dos mejores bailarines de tango de la ciudad.

El anciano, al verlo, se llevó la mano al sombrero en un dubitativo conato de saludo; pero de inmediato cayó en la cuenta de lo superfluo del ademán, dada la oscuridad y la distancia que lo separaban de aquellas sombras que –con un oscilante bamboleo de hombros– caminaban hacia el ilustre café y local de baile instalado en el centro de la pista circular para bicicletas.

Esas sombras andantes eran Bianquet –con quien *El Fabricante de Lluvias* había compartido cañas y confidencias en *El Capuchino* (el biógrafo-bar de Boedo que ambos frecuentaban y donde el bailarín había plantado los cimientos de su reputación)– y la de su apenas visible ladero, del cual no alcanzaba a recordar el nombre, pero a quien en todo el Sur se mentaba como *El Paisanito*.

Tomó conciencia también de que El Cachafaz se dirigía hacia la intemperie del *Velódromo*, donde en ese momento *El Pibe Ernesto* arremetía desde su violín con los *stacatti* saltarines de una socarrona milonga, esa rítmica excusa para que las parejas revolearan las caderas dentro del hemiciclo delineado por las sillas y mesas dispuestas al aire libre. Algunos vigilaban los sensuales movimientos de la danza ojeando el suelo, mientras otros dedicaban también preocupadas miradas de reojo hacia el cielo, cubierto por su intimidatoria maraña de nubes.

Como si hubiera recordado de repente una misión suprema e impostergable, o le hubiera sido dictado el componente fundamental de alguna complicada e inconclusa fórmula química, el anciano *Fabricante de Lluvias* pareció sufrir un trance durante el cual adoptó un ajetreo enérgico. Detuvo la marcha del Ford, extrajo del interior un maletín cuadrado repleto de accesorios (ignotos en su mayoría para el común de los mortales), hurgó en un fárrago de cables e instrumentos, abrió la cubierta del motor y ensayó conexiones incomprensibles que involucraron bobinas y bujías. Finalmente, enlazó uno de los cables en el extremo de su bastón y sostuvo el cayado en una mano, elevando la punta hacia el cielo en una histriónica y agitada pose de profeta cuya discreción se vio favorecida por la providencial somnoliencia del inmediato vigilante de ronda.

No había transcurrido un minuto aún desde el sorpresivo cambio de dirección del viento y de la súbita e inverosímil brecha entre las nubes, cuando El Cachafaz y El Paisanito atravesaron la entrada del Velódromo, casi al unísono con el *sol-dó* del Pibe Ernesto y con el tangible alivio de los parroquianos ante la repentina y casi milagrosa transformación climática.

Como si el breve lapso de silencio arrastrara una tácita orden, el grupo se dispersó hacia los laterales de la pista.

Y si un instante atrás las nubes se habían rasgado como un velo atravesado por una daga, ahora el movimiento de los bailarines se asemejaba al de los partiquinos de una zarzuela en busca del foro, para dejar al descubierto a los protagonistas.

El *Pardo Santillán* (que por aquellos días era considerado como uno de los dos mejores bailarines de tango de la ciudad), poco antes del *sol-dó* del Pibe Ernesto y del imprevisto cambio de clima, se había levantado junto con su compañera desde la mesa más cercana a la orquesta típica, con la intención de abandonar el lugar ante la incómoda cercanía de la tempestad.

En ese momento, entonces, quedaron frente a frente: El Cachafaz y El Paisanito en la entrada del local; El Pardo Santillán y su compañera en el otro extremo. En el medio y alrededor, las pistas vacías. Arriba, un cielo irónicamente límpido. En el aire, los delicados efluvios de las glicinas, infestadas por las acres y oleosas emanaciones de un negro y desvencijado Ford, y por el embriagador perfume del desafío.

Sucedió en Buenos Aires, y fue al filo de la madrugada: hubo una noche en la que no se precipitó la tormenta, sino el duelo. Por un instante, que fue único

70

e irrepetible, se vieron las caras la leyenda del Sur y el mito del Norte. Tarde o temprano tenía que suceder, y aquella rara noche de vientos cambiantes era una ocasión tan propicia o desfavorable como cualquier otra. En tanto hubiera dos, habría infinitos: y ya iba siendo hora de ir definiendo el pleito.

Hubieron también silencio y asombro: gestos mínimos y cautelosos, como el del Paisanito peinándose lentamente con una mano, mientras con la otra acariciaba distraídamente la faca y murmuraba algo así como *No vaya a ser cosa*.

El director de la orquesta, de espaldas a la escena, chasqueó sus dedos en el vacío, ante la involuntaria indisciplina de los músicos, paralizados por la expectativa del próximo entrevero.

El Pardo Santillán transfiguró el gesto de retirada y primereó la pista, dispuesto a engallarse en su condición de local: después de todo, había sido en la intemperie del Velódromo donde había plantado los cimientos de su reputación.

Pisó con gesto arrogante la colilla de su cigarrillo *Misterio*, tomó a su compañera de la cintura y se colocó en posición. Después, miró con altivez hacia la puerta del local y giró hacia la orquesta: fue él quien, con un imperativo movimiento del mentón, dio la orden. Y El Pibe Ernesto acató. Y la orquesta lo siguió, deshilvanada y acoplándose de a poco, como una desordenada barra de colegiales abordando a la carrera un tranvía en marcha, hasta que los primeros fraseos de *Mano a Mano* se hicieron nítidos (y hasta diríase que melodiosos, dadas las circunstancias.) El Cachafaz no se amilanó. Con un evidente cabezazo, digno de un *centreforward,* convocó al bulto alguna voluntaria. La hubo, aunque su nombre y referencias se hayan extraviado en el olvido. Caracolearon entonces las dos parejas. Cayeron partituras y volvieron a improvisar los bailarines. Hubo tensión y hubo belleza y hubo más tensión.

Sucedió en Buenos Aires, y fue al filo de la madrugada: El Pardo Santillán se frenó de golpe en medio de un compás cualquiera de *Cuerpo de Alambre*; soltó a su compañera y enfiló hacia el estaño, en busca del improbable consuelo de una *caña* o una *grappa*. En el grupo de ocasionales testigos, congregados alrededor de la pista, hubo quien amagó un aplauso, y hubo también quien lo consumó.

El Paisanito, exultante, fue más explícito: se acercó hasta la pista, blandió la faca, y con un movimiento seco y limpio la clavó en el piso de tierra. Después, eufórico, gritó: ¡*Dales el dulce!*

El Cachafaz bailó entonces acariciando con los tobillos la hoja del arma, en una especie de implícito ritual de coronación a ras del suelo. Sucedió en Buenos Aires, y fue al filo de la madrugada. Desde esa noche se dijo –tanto en el Sur como en el Norte– que *El Cacha ganó en cancha ajena, con faca, sin barra y sin compañera.*

Por antojo de alguna ominosa negligencia de la memoria colectiva (originada, quizás, en la prosaica distracción de un somnoliento y anónimo vigilante de ronda) sólo al segundo de los episodios aquí mencionados le fue concedido el debatible beneficio de la posteridad.

Capuccino

Café caliente algo cargado
Leche muy caliente
Azúcar
Crema de leche batida

Caliente las tazas con agua hirviendo. Distribuya el café, agregue la leche y complete con la crema.

De mirada serena

Y abrió los ojos. Y volvió a cerrarlos. Y volvió a abrirlos

Rodrigo Fresán

Sus ojos se cerraron, y el mundo sigue andando

Alfredo Le Pera

ES CURIOSO, pero probablemente no exista un fenómeno más curioso para las almas curiosas que la certeza de una curiosa ausencia de curiosidad.

Por eso, quizás, no alcanzan a explicarse cómo en la plácida *terraza* de *La Biela*, los evidentes parroquianos suelen ubicarse de espaldas a los audaces lanzallamas, las paradójicas estatuas vivientes, los esforzados y rítmicos luchadores de *Capoeira*, el afinado *clown* que canta en castellano el *Himno al amor* de Edith Piaf, el atemporal trío de tango que convida su poesía canyengue a un costado de la colorida cabina telefónica (similar, sino idéntica, a sus pares londinenses), el espontáneo caricaturista al paso, los mimos con sus fastidiosos y paródicos *espejos* corporales, la histórica iglesia

donde el héroe Santiago de Liniers obtuvo avales divinos antes de acometer la reconquista de la ciudad atrapada por los ingleses, y la contigua ex-capilla donde alguna vez una eximia intérprete de música minimalista –de ojos nada desdeñables– entonó un curioso bolero dodecafónico, cuya letra había logrado compilar varias decenas de idóneos adjetivos para la palabra *ojos*.

Es curioso, pero –aparentemente– los evidentes habitués no concurren a La Biela para mirar, sino para ser mirados, y de ser posible admirados. Este detalle resulta doblemente curioso, porque –habitualmente– los transeúntes atraviesan el breve, y hasta un poco incómodo, pasillo virtual entre la vereda y la *terraza* con actitud turbada, procurando aparentar la mayor indiferencia posible para disimular la curiosidad que parecen alentar aquellos que, desde las mesas, controlan de reojo el grado de advertencia reflejado en los paseantes.

Es curioso también que se hayan instalado en lo alto de los laterales del bar, uno de ellos frente al espacio mismo de la *terraza*, unas bellísimas gigantografías –obras de la pintora Renata Schussheim, cuyo talento sólo encuentra parangón en el encanto de sus increíbles ojos, profundos y transparentes– que retratan en primer plano los ojos de John Lennon, Carlos Gardel o la plebeya Cicciolina; como si hubiera sido necesario compensar, con esa iniciativa ejemplificadora e ineludible, tanta timidez de

80

los peatones, que –con la vista absorta en el *clown* que canta el *Himno al amor* de Edith Piaf, los audaces lanzallamas, las paradójicas estatuas vivientes o los rítmicos y esforzados luchadores de *Capoeira*– insisten en fingir un absoluto desinterés en los parroquianos de la *terraza* de La Biela: quienes, mientras tanto, gesticulan de costado sus confidencias o, curiosamente, simulan una cuidadosa indiferencia –entornando los ojos y levantando la cabeza en dirección al sol, o a la sombra– cada vez que una mirada curiosa transgrede la mencionada y –hasta ahora– no escrita rutina; y los observa despacio, sin apuro, directo a los ojos, como lo hacen permanentemente las miradas, enormes en más de un sentido, capturadas en primer plano para siempre por los extraordinarios cuadros de Renata Schussheim.

MARINA VAINTROIB

Café Cool

Café muy fuerte helado
Azúcar
Crema de leche
Ananá

Mezcle en una licuadora los ingredientes hasta que
se forme espuma. Sirva en un vaso con hielo y espolvoree con azúcar moreno.

Sur profundo

SILVIA PEREZ FERNANDEZ

HUBIERA SIDO IMPOSIBLE no reparar en la deslumbrante fascinación que ejercía, casi antes de proponérselo, esa mujer de andar resuelto y leve al mismo tiempo. Transmitía un apego casi inmediato e irreprimible, comparable con esa sensación que, por aquel entonces, un célebre médico austríaco había empezado a definir como *deseo*.

Sin embargo, aquella noche, en el instante en que atravesaban las puertas del bar, las deliciosas piernas de Isadora Duncan arrastraban en sus venas el ponzoñoso lastre de un reciente dicterio, de una humillante impugnación. A esa hora, *The Droning Maud* era un efervescente puerto de cuerpos y almas, un impulsivo pasamanos de cervezas afines a todos los idiomas y colores, postergado en alguna incierta comisura geográfica de *La Boca del Riachuelo* y contiguo al otro puerto: aquel donde de a ratos explotaba el grito de ¡*Guarda abajo!* proferido por el capataz de estibadores en cada ocasión en que el vacilante guinche levantaba su moderado vuelo hacia las entrañas de la bodega de algún despanzurrado carguero inmóvil. Allí mismo donde, pocas horas atrás, la embestida a remolque de una extenuada nave de origen sueco hubiera pasado inadvertida, si no hubiera sido porque su bandera desplegada a la popa había resuelto de una vez y para siempre la incertidumbre de un grupo de revoltosos entusiastas del *football*, quienes habían decidido definir sus discusiones en torno a la futura identidad de su *team* adoptando en la casaca los colores del primer barco que se asomara a la ribera.

Aquella noche, esos muchachones consentidos y vocingleros festejaban la histórica determinación con raciones extra de whisky *Bourbon*, cerveza y tonadas procaces, improvisadas al pie de la barra en The Droning Maud: mientras en una mesa casi desapercibida en uno de los ángulos más apartados del local, Isadora Duncan escondía antes de proponérselo sus deliciosas piernas bajo el descolorido mantel, al tiempo que —con toda intención— ocultaba su pesadumbre bajo el denso y ardiente camuflaje de aquellos tragos urgentes y aquellas exageradas medidas de *Drambuie*.

Poco tiempo atrás, aquella misma noche, Isadora había disfrutado de otro cercano rumor de voces jóvenes e irreverentes, cuando en un café céntrico había bailado, vestida sólo con una bandera argentina, el *Himno Nacional*. Bastaron esos cinco minutos de su coreografía inolvidable, desencadenada por sus pies únicos y sus deliciosas piernas maravillando a los incrédulos testigos con las envolventes ondulaciones de su cuerpo mirífico desplazándose sobre las mesas, para que la frase *¡Libertad, libertad, libertad!* alcanzara de por vida su más perfecta traducción al universal lenguaje de los cuerpos.

Bastaron también esos cinco minutos de arte en estado puro para que se cancelaran de por vida las actuaciones de Isadora Duncan en territorio argentino, y para convertir a los jóvenes e irreverentes parroquianos de aquel céntrico café de estudiantes en los únicos y privilegiados testigos de la coreografía inolvidable desencadenada por las deliciosas piernas de aquella mujer de andar resuelto y leve al mismo tiempo.

Para los exaltados entusiastas del *football*, ahora sedientos opresores de la barra, The Droning Maud era *El Bar de la Negra Carolina*: un nombre de pronunciación más previsible, a la vez que un proverbial reconocimiento a *Caroline Maud*, la corpulenta mulata *cadjun* que había abdicado sus pantanos y su carnaval de New Orleans, junto con alguna oscura y arcana historia de abandonos y despechos, para desembocar en este puerto que a esa hora bramaba su desenfadada excitación. En ese instante en el que la madrugada se vuelve sospecha, la negra Carolina improvisó un nostálgico *blues* al piano, y bastaron un par de compases para que Isadora Duncan abandonara el Drambuie y el apartado rincón del local, caminando por encima de las mesas con andar rijoso y provocativo como el sonido que fluía desde el piano. Una temeraria y breve coreografía que terminó con las deliciosas piernas de la bailarina atenazadas alrededor de la cintura de un distraído y joven marinero llamado Jack London: uno de los parroquianos favoritos de Caroline Maud, pese a la indiferencia habitual con que aquel joven respondía a los desvelos de la mulata; una actitud demasiado contrastante con el súbito interés que solía mostrar por el fogoso whisky *Bourbon* que ella le ofrecía, sin cargo, a la hora en que la madrugada se vuelve sospecha, cuando los puertos braman puertas adentro su desenfadada excitación.

Cuenta la leyenda que aquella noche Isadora Duncan repitió una y otra vez −entre ahogados estertores− la palabra *Libertad,* en castellano y acaballada sobre el joven marinero tendido boca arriba con los ojos desorbitados, a bordo de un oscilante bote abandonado en alguna imprecisa comisura de La Boca del Riachuelo. La leyenda jamás se pudo comprobar porque a la mañana siguiente el joven marinero Jack London era absolutamente incapaz de recordar por qué se despertaba tendido boca arriba, a bordo de un bote a la deriva y con una sed inconmensurable.

Poco después de que la bailarina abandonó The Droning Maud a horcajadas del hombre de mar, la misteriosa *Eve Leneve* (confidente de la negra Carolina y conocida figura de primeras planas londinenses, acusada años atrás del crimen de la esposa de su amante, el Dr. Crippen) sugirió al oído de la corpulenta *cadjun* algún método expeditivo e inapelable para reparar la ya demasiado evidente indiferencia del distraido marinero. Pero esa noche, según después relataron unos consentidos y vocingleros muchachones aficionados al *football*, la negra Carolina se conformó con pasar una esponja húmeda sobre una de las tantas huellas de manos engrasadas que, como una desordenada colección de dispersos trofeos, sellaban las paredes rosadas del local.

Black & Blue

Café muy cargado
Helado de vainilla
Whisky Bourbon
Crema batida
Chocolate amargo rallado

Prepare un café muy cargado y deje enfriar. Sirva en una copa alta con el helado de vainilla. Agregue el whisky y remate con la crema batida. Espolvoree con chocolate amargo rallado.

Un puente
es un hombre
cruzando un puente

–una nouvelle–

A Elvio E. Gandolfo

> *La realidad es en colores,*
> *pero el blanco y negro es más realista.*
>
> Wim Wenders

> *Y me quedo pensando en nuestra patria,*
> *que tiene la imparcialidad de un cuarto de hotel.*
>
> Oliverio Girondo

I

A PRINCIPIOS de siglo, lo habitual en esa costa indócil –al sur del extremo sur de la Bahía de Samborombón– es que el viento disperse a cada segundo las dunas, y que agite la playa con su aliento como un incorpóreo y antojadizo demiurgo, apenas reconocible por ese arbitrario entretenimiento de apilar nuevos y breves médanos hasta esculpir efímeras configuraciones de arena cuya persistencia rara vez excede la unidad de tiempo de una pleamar.

He aquí al mítico y perfecto Punto de Fuga, piensa el arquitecto y urbanista Chapeau Rouge, algo embriagado por las frecuentes consultas a su petaca de *cognac* durante la difícil caminata que siguió a la espinosa cabalgata previa, y perplejo ante la espontánea revelación de aquel inusitado mar embravecido por sus corrientes frías y sus oleajes insolentes.

Luego, con la seriedad que los niños dedican a sus juegos, hunde el báculo con mango de nácar en la arena húmeda y traza un enjambre de hileras locuaces –que su achispado silencio traduce en algo parecido a un plano confuso y fragmentario, poblado de ramblas inverificables, ansiosas diagonales y febriles hemiciclos–, labrando la costa con su bastón y su fantasía como un antojadizo demiurgo o como un exaltado sumo sacerdote de aquella grotesca superstición llamada progreso.

El viento –como es habitual a principios de siglo en esa costa indócil– le arrebata el *bombín* en una unidad de tiempo menor a la de un parpadeo: arroja el sombrero a varias yardas de distancia y lo sepulta en las entrañas de un médano indescifrable, tras someterlo a un vuelo imprevisible como la incrédula levedad de un *boomerang* defectuoso.

Apenas gira en su búsqueda, Chapeau Rouge tropieza y cae de rodillas, aferrándose instintivamente al bastón como un exhausto peregrino penitente, mientras a sus espaldas el borde ínfimo de una ola diluye las irregulares marcas que acaba de dibujar en la orilla.

II

Ahora hay que cabalgar hasta Tokio, dice el joven pintor Florencio Molina Campos. Su amigo extranjero, el también joven cineasta D.W. Griffith, festeja a carcajadas el comentario, como si se tratara de una ingeniosa *boutade* de sobremesa, una irónica paráfrasis dedicada de soslayo a la deliciosa contundencia del pantagruélico asado de corderos y aves que acaban de compartir bajo la galería del casco de la estancia *Los Angeles*, en los *Pagos del Tuyú*, no demasiado lejos de la *Estación Juancho*: esa tangencial referencia de la civilización lindera con el sur del extremo sur de la Bahía de Samborombón.

Allí descienden del demorado convoy que llega desde Constitución –con un apuro por bajar sólo explicable en el dolor de huesos y la claustrofobia de vagones escasos– las emperifolladas damas con sus pañuelos empapados en agua de azahar y sus sombrillas en ristre, prestas al inminente despliegue, junto a los adustos emprendedores walones que murmuran su cansancio en el francés lógico y amable de los discretos regateos, usuales durante las solemnes transacciones de telas en tierras de Flandes.

La variopinta comitiva se arremolina bajo la sombra del tejado estilo Tudor del mínimo andén: allí aguardan el devenir con una ansiedad parecida a la que

suelen mostrar las coloridas *troupes* de extras en los momentos previos a la orden de *acción* emitida –no siempre con demasiada conciencia del devenir– por aquel joven director americano de *cintas* del *biógrafo*. *Ahora hay que cabalgar hasta Tokio*, transmite D.W. Griffith con un tono entre severo y preocupado, después de ofrecer gentilmente su mano a una de las damas para ayudarla a hacer pie en la plataforma. De inmediato, la soprano –*mademoiselle* Toussaint– finge cubrirse del molesto viento frontal: gira la cabeza y aferra con empeño la capelina, mientras estudia la manera más elegante de evitar la disparatada conversación que le propone ese extravagante desconocido, cuyas defectuosas modulaciones del castellano delatan su origen angloparlante, cuyo ácido aliento delata su reciente ingesta –probablemente en cantidades generosas– de alguno de los robustos vinos tintos del Périgord, y cuyas desorbitadas afirmaciones delatan una inquietante lejanía de sus cabales.

Sin embargo, pocos minutos después, las damas –entre ellas, *mademoiselle* Toussaint– toman ubicación a bordo de las volantas tiradas por percherones, mientras los hombres –entre ellos, Griffith y Molina Campos– montan los decididos caballos criollos que acaba de acarrear en tropel hasta la estación un gaucho endomingado con sus mejores galas y una rastra condecorada con monedas de plata.

Griffith sujeta el trípode y la caja cúbica de madera, ajustándolos con el firme correaje de las alforjas dispuestas a los flancos de la dócil yegua tobiana que le ha tocado en suerte, y luego ensaya un suave galope zigzagueante hasta situarse a la cabecera de la caravana, escoltando al gaucho baqueano que –con voz aguda, distorsionada por el viento y un seseo apenas perceptible– le comenta, lo más tranquilo: *Ahora hay que cabalgar hasta Tokio.*

III

Tokio, varias leguas más tarde, resulta ser poco más que un quimérico campamento de casillas precarias, dispersas alrededor de un tinglado, cuyo techo parece la desinspirada caricatura del tejado de una pagoda.

Al arribo de la pintoresca expedición, brotan desde todos los rincones hombres de breve estatura, pies descalzos y ojos rasgados, quienes se desplazan al ritmo de una especie de simpático trote corto, y ofrecen reverentes inclinaciones de cabeza a los recién llegados. Los más robustos toman posiciones delante del amplio portal del galpón, después cargan al unísono sobre sus hombros la enorme viga de madera que oficia de insólito resguardo, forman una hilera y –sin detener el trote corto– trasladan el cancel hacia el médano más próximo, como un contingente de hormigas guardando sus provisiones de hojas verdes para mitigar las carencias del invierno cercano. Luego, vuelven a tomar posiciones, pero de espaldas a los recién llegados y enfrentados a la puerta: con un aullido tonal, uno de ellos da la voz de alerta, como si golpeara con su garganta un invisible *gong*. El trote, entonces, se detiene, y se tranforma en la empeñosa cinchada de aquella fila de hombres que avanzan coordinadamente sobre las enormes puertas trabadas por insidiosas zancadillas de arena, igual que si los jugadores de un *match* de rugby hubieran decidido empujar un *scrum* divergente, apuntando cada equipo hacia su propio segmento del campo de juego.

Las puertas, con la objeción de una breve aunque tensa demora, finalmente se abren.

En el interior del tinglado, como en una suerte de astillero seco, engrillado por la arena, espera el vagón único de un tren extraño y diminuto, sin asientos ni cortinas en las ventanillas, enganchado detrás de una escueta locomotora que humea su silbido impaciente antes aún de que los esforzados y robustos obreros de *Tokio* terminen de desnudar de par en par la simétrica puerta que oficia de pared posterior, detrás de la cual se vislumbra una angostísima trocha sinusoide que se interna entre las dunas, en dirección al punto de fuga.

Griffith es de los primeros en desmontar. Extrae con impaciencia su equipo de filmación y lo carga sobre un hombro. Luego intenta imitar –sin éxito– el trote corto de los sonrientes anfitriones orientales, y se ve compelido por el viento a improvisar una cautelosa caminata transversal, avanzando al sesgo mientras protege la lente de la cámara con el atigrado pañuelo de colores vivos que hasta entonces llevaba anudado al cuello.

Después, con la seriedad que los niños dedican a sus juegos, observa a través de la lente de la cámara, mientras gira casi compulsivamente la manivela dispuesta a un lado de la caja cúbica de madera para retratar, como un sumo sacerdote de esa incipiente superstición llamada cine, la increíble escena del instante en que la variopinta comitiva aborda ese trencito absurdo –llamado *Decauville*–, que parte desde el interior de un tinglado cuyo techo parece la desinspirada caricatura del tejado de una pagoda (hito nodal de un quimérico campamento de casillas precarias llamado *Tokio*)con destino al mítico y perfecto punto de fuga intuido detrás de los muros de arena, a la orilla de un mar embravecido por sus corrientes frías y sus oleajes insolentes.

El viento –como es habitual en esa costa indócil a principios de siglo– zarandea con su aliento las patas del trípode que sostienen la caja cúbica de madera, boicoteando sin pudor la ortodoxia de los encuadres.

IV

He aquí al mítico y perfecto punto de fuga, piensa el joven pintor Florencio Molina Campos apenas el bizarro tren *Decauville* disminuye la marcha y adopta el tranco inquisitivo y escasamente audaz que en estos casos, paradójicamente, suele denominarse *paso de hombre.*

La soprano –*mademoiselle* Toussaint– profiere un grito agudo y contenido (cubriéndose la boca con su pañuelo empapado en agua de azahar) en cuanto descubre que, a unas setecientas yardas del punto de partida, la sinusoide y angostísima trocha se interrumpe frente a un *cul-de-sac* natural, decretado por un médano inoportuno (un fragmento, quizás, de alguna de esas efímeras configuraciones de arena cuya persistencia rara vez excede la unidad de tiempo de una pleamar.)

La histeria de la *prima donna*, sin embargo, no encuentra eco ni contagio en el resto del pasaje (salvo por las disimuladas consultas de Chapeau Rouge a su intermitente petaca de *cognac* y por la resignada actitud de Griffith, quien comienza a desarmar con parsimonia el trípode, convencido de que han llegado al final del camino y de que los espera una fatigosa travesía de regreso, si es que esa mínima locomotora logra empujar en reversa y convencer del retorno al extraño vagón de aquel tren desopilante.)

Es Molina Campos quien conmina al cineasta a desistir de la maniobra; más aún, lo invita a cargar un nuevo rollo de película, asegurándole que todavía no ha visto lo mejor. En ese instante –junto con la detención del tren, al borde mismo del final de la vía– descienden los fornidos orientales que hasta ese momento viajaban trepados a los estribos laterales del vagón: con un aullido tonal, uno de ellos da la voz de alerta, como si golpeara con su garganta un invisible gong. Enseguida, los demás se desplazan al ritmo de una especie de simpático trote corto en dirección inversa a la que llevaba el tren: hacia *Tokio*, guardando una rigurosa hilera similar a un contingente de hormigas en busca de las hojas verdes para mitigar las carencias del invierno cercano.

La soprano –*mademoiselle* Toussaint– prorrumpe en un operístico sollozo, con tanta convicción que exime al gesto de toda posible credibilidad, mientras extiende su brazo en dirección a *Tokio*, agitando el pañuelo empapado en agua de azahar. Al mismo tiempo, reclama el inmediato retorno de los obreros: primero en francés e italiano, luego en inglés, y finalmente con una intolerante frase proferida en un alemán mucho más emparentado con las obscenas interjecciones de trasnoche en los sórdidos muelles de Hamburgo que con los floridos discursos de estreno en el luminoso proscenio de la Opera de Berlín.

Entre tanto, los belgas también se apean y encienden sus habanos, mientras se recuestan pesadamente sobre los inmediatos montículos de arena, y comparan cualidades de sabor entre las hojas de tabaco centroamericano y el añorado *bouquet* de los cigarros holandeses, conversando impasibles y a media voz en el francés lógico y amable de los discretos regateos, usuales durante las solemnes transacciones de telas en tierras de Flandes.

Poco más tarde, con un paso algo más cansino que el consabido y simpático trote corto, regresan los orientales. El que parece ser el líder, el del aullido tonal y el gong en la garganta, carga sobre sus hombros una pala y un morral saturado de herramientas y remaches. La hilera que le va en zaga, unos metros atrás, carga en cambio sobre sus hombros alrededor de doscientas yardas de la previa y angostísima trocha sinusoide.

Mademoiselle Toussaint –la soprano– sufre un repentino vahído, y deben sostenerla entre Griffith y Molina Campos para detener, no sin esfuerzo, lo que podría haberse transformado en un operístico y afectado desmayo. Después de evitar la caída de la dama, D.W. Griffith sospecha por un momento haber sido víctima de una perversa conspiración internacional: un ingenuo rehén de una reproducción a escala de alguno de los tantos conflictos bélicos que a principios de siglo estallan a diario en todas partes del mundo, desde Europa hasta las antípodas, utilizando en este caso como escenario esas bárbaras llanuras rodeadas por efímeras configuraciones de arena cuya persistencia rara vez excede la unidad de tiempo de una pleamar, cerca del inasible punto de fuga de las pampas limítrofes con aquel mar embravecido por sus corrientes frías y sus oleajes insolentes.

Los aceitados reflejos del gaucho baqueano y del no menos baqueano Molina Campos, impiden que Griffith pueda hacer puntería –con el Smith & Wesson que acaba de extraer del interior de la caja cúbica de madera– sobre alguno de los fornidos orientales que se desplazan a un costado del vagón, trasladando los fragmentos de vías sobre sus hombros.

Es curioso, pero el disparo descendente que sigue al rápido forcejeo parece despabilar a *mademoiselle* Toussaint, además de provocar un revuelo de arena que se esparce como un *geiser* polvoriento a través del humeante boquete abierto por el disparo en el piso del vagón. El líder de los orientales suelta el morral y levanta las manos, mientras los otros, en cambio, aceleran la marcha hasta ubicarse –y con ellos la trocha– delante de la locomotora.

Los belgas, entre tanto, observan distraídamente hacia el cielo, y especulan con la posibilidad de que el americano estuviera probando puntería sobre algún tero, pato o chajá de los alrededores. Después, siguen comparando *bouquets* de cigarros, y salpicando de aparatosas onomatopeyas sus impasibles y elegantes murmullos. Una vez que el cineasta guarda nuevamente su arma en el interior de la filmadora, tras vaciar el cargador sobre la palma de la mano del ofendido Molina Campos, el gaucho baqueano acompaña al tambaleante Chapeau Rouge, hasta ubicarse –con evidente mayor esfuerzo que los obreros orientales– delante de la locomotora.

El arquitecto y urbanista adopta entonces un aire grave y circunspecto, y establece un breve conciliábulo de señas y miradas con el endomingado nativo. Luego, con la seriedad que los niños dedican a sus juegos, levanta su bastón y apunta en diagonal hacia alguna parte, que el joven pintor Florencio Molina Campos intuye como el mítico y perfecto punto de fuga. Al instante, como si esa indicación consistiera en una orden inapelable (de hecho, en eso consiste), los obreros orientales disponen sobre la arena el tramo de vía que cargaban sobre sus hombros, prolongando con el trazado la dirección señalada. La operación se completa casi al mismo tiempo que la mínima locomotora vuelve a humear su impaciencia, y que D.W. Griffith, eufórico ante el inédito fenómeno del que es parte y testigo, lanza un nuevo disparo (con el proyectil que había quedado guardado en la recámara, pero esta vez al aire y fuera del vagón) para convocar a los pasajeros a bordo de aquel insólito tren que, contra todo viento y toda lógica, y como una especie de altar móvil de aquella grotesca superstición llamada progreso, avanza zigzagueante entre las efímeras e imprevisibles configuraciones de arena esculpidas por el viento alrededor de una costa indócil, al sur del extremo sur de la Bahía de Samborombón.

V

A primera hora de la tarde, la concisa locomotora del tren *Decauville* exhala con renovado impulso su asmática bocanada de vapor, seguida de un impaciente silbido, después de transponer a los saltos el último ensamble al final de la vía móvil, y encarrilarse triunfante sobre las setecientas yardas finales que lo aguardaban, como una suerte de silenciosa banda de bienvenida a ras del suelo, para conducirlo hasta el caballete solitario y definitivo que hace las veces de provisoria estación terminal.

El vagón serpentea su mecánico temblor como

una desproporcionada lombriz de metal; escondiéndose y descubriéndose al mismo tiempo, apareciendo de improviso entre las múltiples configuraciones de arena esculpidas por el viento, semejantes a gigantescos hormigueros esparcidos –por arbitrio de algún incorpóreo y antojadizo demiurgo– entre el horizonte y el escurridizo recorrido de la mutante y angostísima trocha sinusoide.

He aquí al mítico y perfecto punto de fuga, piensa el joven cineasta americano D. W. Griffith, mientras avizora, antes que el resto del pasaje, el deslumbrante panorama captado por la lente de su cámara filmadora: una encantadora villa encantada, poblada de inconcebibles pinos, acacias, gardenias y azaleas, de incipientes ramblas y de absolutas diagonales, y de las férreas estructuras y fachadas de aquellas extemporáneas casas con tejados en estilo Tudor, distribuidas en estratégicos hemiciclos, cuyos balcones y cimientos resisten sin un quejido los sempiternos embates del viento y las marejadas.

La mirada inquieta y curiosa del joven pintor Molina Campos –invitado a espiar a través del ojo ínfimo de cerradura detrás de la caja cúbica de madera– descubre, además, el efecto fascinante de la filmación en movimiento: acaso una metáfora del Decauville y su trocha móvil, acaso el reverso de la histórica llegada de un tren documentada por los hermanos Lumière. Este registro a bordo de aquel diminuto tren desopilante, en cambio, es el insólito testimonio de un vagón devorando distancias, una inédita semblanza de la fugacidad del paisaje: la captura exclusiva de una perspectiva trashumante y creciente a medida que la locomotora se acerca al solitario y definitivo caballete que hace las veces de provisoria estación terminal de aquella encantadora villa encantada, erigida al sur del extremo sur de la Bahía de Samborombón por los adustos emprendedores walones que en ese momento se asoman a las ventanillas y comentan a media voz la inminencia del final del viaje en el francés lógico y amable de los discretos regateos, usuales durante las solemnes transacciones de telas en tierras de Flandes.

Luego de una breve caminata hasta el núcleo del trazado urbano imaginado años atrás por Chapeau Rouge, y después de reponerse de la claustrofobia de vagones escasos –y de la agorafobia de trasbordos sorpresivos– con un *goulash* esmerado e impetuoso, las damas recorren sin prisa la orilla de ese mar embravecido por sus corrientes frías y sus oleajes insolentes: observan a través de los prismáticos el planeo rasante de las gaviotas y la índole enigmática de los corrillos de los caballeros, agrupados alrededor de una partida de *bridge* de pronóstico incierto.

Durante la recorrida, esconden con frecuencia el rostro al amparo de los pañuelos empapados en agua de azahar: tanto para compensar, aunque sea en parte, el omnisciente perfume a desatado sexo de ramera que despide la corriente de la deriva, como para enjugar las involuntarias lágrimas, ajenas a toda pena o alegría, que provocan los inesperados remolinos de arena, alborotados por el aliento agudo del viento.

A última hora de la tarde de aquel sábado, coincidente con el último día del año, todo parece dispuesto para la ceremonia: los adustos emprendedores walones apuran sus habanos y sus *Cafés Brûlots*; luego despliegan, bajo la galería de una de las casas coronadas con tejados estilo Tudor, los impecables estandartes de color azul metálico, con sus blasones bordados en hilo de oro.

La soprano –*mademoiselle* Toussaint– acepta con emoción, y tras una etérea reverencia de gratitud, *l'onore e l'onere* (el honor y el deber) de entonar las estrofas del *Himno Nacional Argentino*.

La versión de la soprano se destaca por su afinación perfecta, quizás un tanto sobreactuada, y –salvo el gaucho baqueano y Molina Campos– ninguno de los integrantes de aquella variopinta comitiva alcanza a detectar ni objetar su acento: excesivamente hispánico, considerando el espíritu de la canción patria, aunque probablemente no demasiado distinto del dejo con el que la habría cantado, un siglo atrás,

Mariquita Sánchez de Thompson en ocasión de la tertulia elegida para su estreno.

Oíd mortales el grito sagrado, canta *mademoiselle* Toussaint con un fraseo estilizado y operístico, estirando las vocales desde una gesticulación ampulosa. Después (y en vez de cantar: *Libertad, libertad, libertad*) profiere un grito agudo y espantado, casi un aullido tonal, mientras extiende su brazo en dirección al mar y sacude el pañuelo empapado en agua de azahar como si fuera una bandera de señales lanzando un desesperado SOS hacia alguna imperturbable nave cercana.

Enseguida, la variopinta comitiva irrumpe en una atolondrada carrera hasta el esqueleto de madera del muelle a medio construir, donde el tambaleante Chapeau Rouge pierde el equilibrio y cae sentado sobre uno de los tirantes. Después, el arquitecto y urbanista arroja con furia al oleaje insolente de ese mar embravecido la petaca vacía de *cognac*, y arroja también una desaforada retahíla de imprecaciones, pronunciadas en un francés nada lógico ni amable, y mucho más emparentado con las obscenas interjecciones de trasnoche en los sórdidos muelles de Marsella que con los floridos discursos de graduación bajo las iridiscentes arañas del aula magna de la *Sorbonne*.

Deben intervenir el ágil Molina Campos y el no menos ágil gaucho baqueano para convencer a Chapeau

Rouge de regresar al lugar de la ceremonia. En el camino, el arquitecto y urbanista dedica una última invectiva hacia uno de los bloques salientes del encadenado del futuro *Hotel Thermas*, con el que acaba de tropezar. A quién se le ocurre llamar *Thermas* (encima así, con hache, como si fuera el ambicioso seudónimo de alguna mujer de afectos difusos y costumbres libertinas), piensa Chapeau Rouge, a un hotel emplazado a orillas de un mar cuyo rasgo inequívoco de identidad surge de las corrientes frías que le confieren ese oleaje insolente, el mismo que años atrás diluyera impiadosamente el croquis del balneario que el arquitecto había esbozado con su bastón.

No sería esa la única perplejidad nominal a la que asistirían los miembros de la variopinta comitiva especialmente invitada a esa accidentada ceremonia que, tras el mencionado rescate, reanuda su desarrollo.

A última hora de la tarde, la soprano –*mademoiselle* Toussaint– no alcanza a concluir el *grand finale* de la canción patria. La causa de la nueva interrupción es un repentino vahído, seguido de un operístico e inevitable desmayo de la diva, quien esta vez cae en redondo sobre la arena. En ese momento, el impaciente silbido de la locomotora del tren *Decauville* se escucha con estrépito en la playa, al mismo tiempo que los fornidos obreros orientales terminan de diseminar alrededor del lugar de la ceremonia un semicírculo de trocha sinusoide, de acuerdo con la expresa demanda del joven director americano de cintas del biógrafo D. W. Griffith, ansioso por captar la escena de la inauguración circunvalándola desde un tren en movimiento.

Uno de los adustos emprendedores walones, con un breve discurso de circunstancias, discreto y a media voz, da por finalizada la tumultuosa ceremonia, ávido por retornar a su cigarro cubano, su Café Brûlot y su partida de bridge. A última hora de la tarde de aquel sábado coincidente con el último día del año, a principios de siglo, nace oficialmente un balneario poblado de ramblas, diagonales y hemiciclos, llamado *Ostende*: a imagen y semejanza del refugio en tierras de Flandes donde los adustos emprendedores toman sus baños de mar para reponerse de la tensión –disfrazada bajo los medios tonos de su francés lógico y amable– de los discretos regateos, usuales durante las transacciones de telas.

Griffith se asombra de que al sur del extremo sur de la Bahía de Samborombón cunda el ejemplo de aquel que bautizó como París a una desértica y perdida estación en el medio de Texas; mientras Molina Campos se asombra de que cunda el ejemplo de aquel que bautizó como Londres a una lejana y aislada posta de Catamarca. Los obreros de *Tokio*, entre tanto, no se asombran de nada, o lo disimulan muy convincentemente detrás de sus ojos rasgados, sus trotes cortos y sus reverentes inclinaciones de cabeza. A última hora de la tarde de aquel sábado, con más circunstancia que pompa, nacen también dos rotundas modificaciones a la liturgia de esa incipiente superstición llamada cine: la técnica de filmar desde un vehículo en movimiento –que a su regreso a *Los Angeles* (la ciudad, o acaso la estancia) el joven director D.W. Griffith llamaría *Travelling*, en una subliminal ofrenda a la palabra *viaje*–, y la práctica de compaginación conocida desde entonces como *montaje por corte*: inspirada en los fornidos obreros de un quimérico campamento llamado *Tokio*, capaces de cargar sobre sus hombros los fragmentos de trocha móvil y sinusoide sobre el cual se desplazaba un desopilante trencito que, contra todo viento y toda lógica, pudo alcanzar, por encima de los médanos impertérritos, esa encantadora villa encantada emplazada en un lugar tan, pero tan parecido al mítico y perfecto *punto de fuga*.

VI

Desde el interior de un tinglado arranca un extraño tren, sin asientos ni cortinas en las ventanillas y

114

arrastrado por una mínima locomotora que avanza rápidamente, internándose entre los médanos sobre una angostísima trocha sinusoide. Poco más tarde, el vagón se detiene abruptamente. Luego, unos obreros japoneses, que viajaban aferrados a los estribos laterales del vagón, saltan a la arena y se alejan a la carrera en dirección opuesta a la proa de la locomotora, hacia el punto de fuga.

Vuelven de inmediato: se desplazan a toda velocidad sobre las dunas, mientras cargan sobre sus hombros enormes maderas de durmientes y metálicos segmentos de vía. Después, a bordo del vagón, el paisaje se desliza fugaz y vertiginoso frente a las ventanillas sin cortinas. El tren avanza a toda velocidad y enseguida gira alrededor de una variopinta comitiva formada en semicírculo en la playa: allí, una voluminosa dama, que gesticula desesperadamente para hacerse entender por el grupo, cae de espaldas en un segundo: en un átimo también, menor a la unidad de tiempo de un parpadeo, el viento captura su capelina y la entrega al oleaje acelerado e insolente de ese mar de corrientes frías, tras someter el sombrero a un raudo vuelo imprevisible, similar a la incrédula levedad de un *boomerang* defectuoso, pero más rápido.

El aviador operador de radio Jean-Luc Deschamps ignora que los breves minutos de película que acaba de ver fueron filmados, algunas décadas atrás, por el ahora celebérrimo director americano de cine D.W. Griffith: el legendario autor de *Intolerance*.

Desconoce también, por supuesto, que a última hora de la tarde del último día del año, registrado en el *travelling* del documento fílmico, el arquitecto y urbanista Chapeau Rouge tropezó con un relieve ferruginoso estaqueado en la arena, una fracción del encadenado del futuro Hotel Thermas, ubicada exactamente en el mismo lugar en que el excesivo temporal lo sorprende apoltronado en este momento, a última hora del último día del año, promediando el siglo: la segunda butaca de la tercera fila, en la pequeña sala de biógrafo del *Hotel Ostende*.

Deschamps bebe a grandes sorbos las últimas huellas de su *Pernod* y se levanta del asiento con lentitud y pereza, desenrollando de a poco su dolor de huesos: esa fatídica secuela del incordioso traqueteo padecido a bordo del experimental hidroavión Junkers al atravesar el reciente y despiadado ciclón.

Después, tantea los apoyabrazos y se guía aferrándose a ellos a través del oscuro pasillo, moviéndose con una precaución casi felina para evitar los estremecimientos de sus rodillas: síntoma inequívoco del *mareo de tierra* después de un vuelo prolongado y síntoma, sobre todo, del pánico retroactivo. En tanto que el mozo rebobina la película en el carretel del proyector, Deschamps transpone el dintel de la sala: cruza con parsimonia el *hall*, embarrando el ajedrezado piso de mosaicos y contemplando con extrañeza los desproporcionados espejos y los óleos con motivos rurales (que reproducen escenas típicas de las estancias al sur del extremo sur de la Bahía de Samborombón), firmados por el famoso pintor Florencio Molina Campos.

Afuera, el aguacero se desploma sin pausa sobre el edificio del Hotel Ostende como el enloquecido vaivén del badajo de una campana al cuidado de una irredimible patota de huérfanos. El flujo y reflujo rumiado desde el aliento del huracán por ese mar de corrientes frías y oleajes insolentes sacude la frágil carcaza del hidroavión Junkers amarrado al muelle cercano, como si ese prodigio de aerodinamia fuera muy pronto a convertirse en algo tan leve e indefenso como la tenue capelina de la soprano del film.

El aviador operador de radio ingresa al bar, en busca de otro Pernod, e intercambia un escueto saludo gestual con el extraño ejecutante del viejo piano de madera: un longilíneo individuo de piel cetrina y sonrisa refulgente, al que la empleada de recepción anotó, con puntillosa caligrafía y actitud casual, como *Charles R. Gardés*, antes de entregarle la pesada llave de la habitación 44 sin levantar siquiera la vista del libro de registros.

He aquí al mítico y perfecto punto de fuga, podría

haber pensado el extraño pasajero, al tiempo que observa de reojo por la ventana del bar cómo la lluvia golpea con impaciencia el techo y la capota de su Aston Martin estacionado en el jardín de acceso. Sin embargo, piensa algo así como *Qué cotorro pulenta para piantarse*, mientras disfruta del anonimato y trasega la tisana que le alivia las cuerdas vocales, atrapadas por una disfonía irreverente, y continúa recordando, con más oído que digitación, aquel mustio vals tan a la moda durante su infancia.

En la mesa junto a la ventana, el piloto aviador de correos compañero de Deschamps: es decir, el huésped de la habitación 51, al que la empleada de la recepción anotó con puntillosa caligrafía y actitud ausente como *Antoine de Saint-Exupéry*, bebe sin urgencia su *Café Brûlot*, mientras conjura el pánico retroactivo después del incordioso traqueteo padecido al comando del experimental hidroavión Junkers —que en ese momento bailotea un sacudón de sus amarras, como un saltimbanqui prisionero, sobre el intenpestivo oleaje de ese mar de corrientes frías— al atravesar el reciente y persistente ciclón.

He aquí al mítico y perfecto punto de fuga, piensa, embriagado por el Café Brûlot, y por la cautelosa e íntima euforia de la supervivencia a ese nocturno vuelo de regreso a Buenos Aires, durante las primeras horas libres de las que podía disfrutar en semanas. Desde el *Bar del Viejo del Acordeón*, el refugio de pescadores emplazado en el extremo del muelle cercano (donde algunas décadas atrás el arquitecto y urbanista Chapeau Rouge hundió su petaca de *cognac* en las entrañas de la pleamar) le llegan con intermitencia las risas y las *polkas* de aquellos heroicos desertores que trocaron en gritos de parranda los alaridos de guerra. Saint-Exupéry piensa también en abandonar algún día su condición de emisario de mensajes ajenos y en empezar a intuir, y acaso transmitir, sus propios recados.

Escribe, a pesar del chaparrón y con puntillosa caligrafía, en un papel de carta con membrete del hotel: *esa estrella es un mensajero que me busca entre la muchedumbre, y que me encuentra: por eso me siento algo extranjero, algo solitario.*

Entre tanto, Deschamps regresa al pequeño recinto destinado al biógrafo, al tiempo que, en la recepción, un inesperado y violento empellón de la tempestad abre de golpe y de par en par las ventanas, desbordando rápidamente la oficina, e inundando irremediablemente el libro de registros.

Después, el estrépito del turbión eclipsa también el ronroneo del proyector en marcha. Deschamps bebe a grandes sorbos las primeras huellas de su Pernod, al mismo tiempo que desde el interior de un tinglado arranca un extraño tren, sin asientos ni cortinas en las ventanillas y arrastrado por una mínima locomotora que avanza rápidamente, internándose entre los médanos sobre una angostísima trocha sinusoide.

Alrededor de la medianoche, el reloj de péndulo indica con sus campanadas el inicio de un nuevo año, pero nadie lo escucha. Deschamps apura su enésimo Pernod, acunado por el ronroneo del proyector y la fugacidad del vertiginoso paisaje sobre la pantalla; el mozo que rebobina el carretel de película es sordo; el huésped de la habitación 51 ha salido a la intemperie del temporal, rumbo al Bar del Viejo del Acordeón, emplazado en el muelle cercano.

Sólo la empleada de la recepción parece tomar en cuenta los implacables repliegues del tiempo, mientras detrás de la barra retira la última hoja del almanaque de la *Firma Argentina de Alpargatas*, ilustrado con un retrato –obra del famoso pintor Florencio Molina Campos– de un gaucho baqueano que algunas décadas atrás le dijo a D. W. Griffith: *Ahora hay que cabalgar hasta Tokio.*

El huésped de la habitación 44, registrado con indiferencia como Charles R. Gardés, procura en cambio recordar, con más oído que digitación, alguna lánguida *fuga* o algún marchito vals de su adolescencia; mientras afuera el viento –como un incorpóreo y antojadizo demiurgo– insiste en deformar sin pudor la nitidez y reverberación de las inspiradas notas musicales.

Café Brûlot

Caliente cognac en una copa apropiada. Agregue café muy caliente con cáscaras de limón y de naranja. Añada terrones de azúcar, canela en rama y cardamomo.

INDICE

Agua y sol del Paraná   7

Blues local   13

Café irlandés   21

Afiches   29

Tan lejos de Brest   35

Persona a persona   45

El vino quemado de Sechuán   53

Cuerpo de alambre   61

De mirada serena   75

Sur profundo   83

Un puente es un hombre cruzando un puente   91

DIRECTORIO

Viejo Sunderland Bar

Av. Belgrano 2010, Rosario-Santa Fé

El Samovar de Rasputín

Necochea y Suárez, Buenos Aires

The Shamrock

Arenales y Rodríguez Peña, Buenos Aires

Café Bar del Carmen

Paraná y Paraguay, Buenos Aires

Estancia Juan Gerónimo

Ruta 11 y Playa-Verónica-Buenos Aires

Reservas: 327-0105

La Biela

Quintana y Ortiz, Buenos Aires

Café del Viejo Hotel Ostende

Biarritz esq. Cairo-Mar de Ostende-Buenos Aires

INDICE DE RECETAS

Rum Moka   12
Café a la turca   20
Café irlandés   28
Café con leche helado   34
Carajillo   44
Café cola   52
Café del colono   60
Capuccino   74
Café cool   82
Black & Blue   90
Café Brûlot   121

INDICE DE IMÁGENES

Sunderland Bar según el pintor Ricardo Gómez
(foto de Daniel Darari)   8
Sunderland Bar en Rosario, circa 1930   10
Foto del emplazamiento original de El Samovar de Rasputín 14
Foto de barco abandonado en la Vuelta de Rocha   19
Escudo de The Shamrock   22
Interior del Café Bar del Carmen   30
Bombardeo con el café de cada mañana:
aguafuerte, aguatinta, collage de Alicia Scavino,
ganador de la Bienal de Taipei, China en 1993   46
Lago de la Estancia Juan Gerónimo, circa 1920   54
The Tea House en Monte Veloz, circa 1920   59
Pareja bailando tango en La Boca, 1996   65
Terraza y frentes de La Biela, 1996   78-79-81-82
Vuelta de Rocha   84
Bálneario de Ostende, circa 1920 (archivo Roxana Salpeter) 92
Ostende, circa 1905 (archivo Roxana Salpeter)   96-97

Se terminó de imprimir en el mes de abril de 1997
en los Talleres Gráficos Nuevo Offset
Viel 1444 - Capital Federal